À LA FERME

LES
POISSONS

Sally Morgan

Texte français du Groupe Syntagme inc.

Éditions
■SCHOLASTIC

Édition publiée par les Éditions Scholastic,
604, rue King Ouest, Toronto (Ontario) M5V 1E1

5 4 3 2 1   Imprimé en Chine   09 10 11 12 13

Catalogage avant publication de Bibliothèque
et Archives Canada

Morgan, Sally

Les poissons / Sally Morgan ; illustrations de Chris Davidson.

(À la ferme)
Comprend un index.
Traduction de : Fish.
Niveau d'intérêt selon l'âge : Enfants de 4 à 8 ans.

ISBN 978-0-545-98866-7

1. Poissons--Ouvrages pour la jeunesse. 2. Pisciculture--
Ouvrages pour la jeunesse. I. Davidson, Chris II. Titre.

SH151 M6714 2009   j639.3   C2008-905373-7

Texte : Sally Morgan
Conception graphique : Tara Frese
Recherche de photos : Nic Dean
Illustrations : Chris Davidson
Direction artistique : Zeta Davies

Références photographiques

Légende : h = haut, b = bas, c = centre,
g = gauche, d = droite, PC = page couverture

Alamy / Jerome Yeats 14, Profimedia International s.r.o. 18 hg; **Ardea** / John Daniels 6, Keb Lucas 7, John Swedberg 12, Pat Morris 17 hg; **Barn Goddess Fainters** / Stephanie Dicke 17 bg; **Corbis** / Carlos Barria / Reuters page titre 1, Clouds Hill Imaging Ltd 8 hg, Suthep Kritsanavarin / epa 19; **Ecoscene** / Robert Pickett 8 cb, Peter Hulme 10, Reinhard Dirscherl 16 hd; **FLPA** / Reinard Dirscher 4, Bill Broadhurst 5, Norbert Wu / Minden Pictures 9, David Hosking 11, Frank W. Lane 16 bd, Wil Meinderts / Foto Natura 17 bd; **Mik Gates** 13, 18 bd; NHPA 22.

TABLE DES MATIÈRES

Les mots en **gras** figurent dans le glossaire, à la page 22.

Les poissons à la ferme

Sais-tu que les poissons nous fournissent de la viande, de l'huile et même des œufs? Ce sont des animaux qui vivent dans l'eau. Ils vivent dans les mers, les lacs et les rivières, partout dans le monde.

Ce gros poisson est une carpe. Les carpes vivent dans les lacs et les rivières d'eau douce.

Certains poissons comme la carpe, la truite, le saumon, le bar, la morue et le tilapia sont élevés dans des fermes spéciales : les fermes piscicoles, situées en mer ou sur terre. Dans les fermes piscicoles en mer, on élève les poissons dans d'énormes cages dans l'eau. Dans les autres fermes piscicoles, on élève les poissons dans de grands bassins.

5

Le poisson, de la tête à la queue

Les poissons n'ont ni bras ni jambes, mais ils ont des nageoires. Ils se servent de leurs **nageoires** et de leur queue pour se déplacer facilement dans l'eau. Ils n'ont pas de poumons comme nous; à la place, ils ont des **branchies**.

Queue

Nageoires

Œil

Narines

Corps recouvert d'écailles

Opercule (qui protège les branchies)

Bouche

6

Il y a des poissons de toutes les grosseurs. Un saumon de l'Atlantique provenant d'un élevage peut peser 9 kg, mais la plupart pèsent de 4 kg à 5 kg (comme quatre ou cinq sacs de sucre). Ces saumons peuvent faire 1,5 m de long. Les truites d'élevage sont plus petites (jusqu'à 75 cm de long et 1 kg).

Ce poisson à pois est une truite mouchetée.

Taille d'un enfant de six ans

Taille d'un saumon

INFO-FERME
Le plus gros saumon de l'Atlantique jamais attrapé avec une canne à pêche pesait 35,89 kg. C'est à peu près le poids de deux enfants de six ans! Il a été pris dans la rivière Tana, en Norvège. Ça, c'est un gros poisson!

Une vie de poisson...

La vie des truites commence quand la femelle pond ses œufs. Un poisson minuscule grandit à l'intérieur de chaque œuf. Après quelques semaines, de petits poissons appelés **alevins** sortent des œufs. Ils se cachent dans les algues pour éviter de se faire manger par d'autres poissons. Puis ils commencent à nager et à manger des petites miettes de nourriture qui flottent dans l'eau.

Les alevins n'ont pas besoin de manger pendant les deux premières semaines de leur vie, car ils ont sur eux un sac contenant des aliments.

Les jeunes poissons des fermes piscicoles sont nourris chaque jour d'aliments spéciaux qui les font grandir rapidement. Ils atteignent la taille adulte en seulement neuf mois. Dans son milieu naturel, un poisson met deux ans à atteindre sa taille adulte.

9

La vie dans l'eau

Les poissons doivent rester dans l'eau pour vivre. Dans les fermes piscicoles, on leur donne de la nourriture qui contient beaucoup de **nutriments** afin qu'ils restent en bonne santé.

Cet homme nourrit les poissons dans une ferme piscicole.

INFO-FERME
Les saumons sauvages se nourrissent de toutes sortes de petits poissons.

Les fermes piscicoles qui sont sur la terre ferme possèdent différents bassins dans lesquels vivent les poissons. Ces poissons ont toujours de l'eau propre et fraîche pour nager. L'eau propre entre dans les bassins pendant que l'eau sale en sort. On transfère les poissons d'un bassin à l'autre à mesure qu'ils grossissent.

Miam, du poisson!

On mange des millions de poissons chaque année. La plupart sont pêchés dans leur milieu naturel, mais le quart de tous ceux qu'on mange dans le monde provient des fermes piscicoles. Ces fermes aident à préserver les poissons sauvages. Quand les poissons d'élevage sont assez gros, on les attrape et on les envoie aux poissonneries pour qu'ils soient vendus.

Cet homme attrape un saumon d'élevage.

Les bâtonnets de
poisson contiennent
la chair savoureuse
de la morue ou
d'un autre poisson,
le hoki.

Tu aimes les bâtonnets de poisson servis avec
des frites? Il y a plein d'autres façons de cuisiner
le poisson. On peut le faire **griller**, le cuire au
four, le faire **frire** et même, dans certains cas,
le manger cru!

13

C'est génial!

La chair des poissons comme la truite et le saumon contient beaucoup d'huile. L'huile de poisson est très bonne pour nous parce qu'elle contient beaucoup de **vitamines**. Elle nous aide à rester en bonne santé. Elle nous permet aussi de rester souples parce qu'elle lubrifie toutes nos **articulations**.

L'huile de foie de morue se vend en petites capsules.

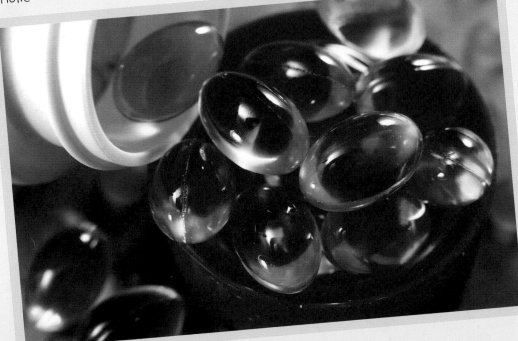

Ce poisson coloré est une
truite arc-en-ciel.

INFO-FERME
Certains scientifiques
croient que l'huile de
poisson, qui contient
beaucoup d'oméga-3,
peut aider les enfants
à mieux apprendre
à l'école!

Ce poisson moucheté
et argenté est un saumon.

L'huile de poisson contient aussi ce qu'on appelle
des oméga-3. Les oméga-3 aident notre cœur à
rester en bonne santé et ils sont aussi excellents
pour notre cerveau. Alors, mange du poisson!

D'excellents amis

MORUE

La plus grosse morue jamais pêchée pesait 96 kg. Incroyable! C'est autant que cinq enfants de six ans! Les morues ont sous le menton une sorte de gros poil. C'est un barbillon qui leur sert à goûter aux choses.

TILAPIA

Le tilapia sauvage vit dans des rivières et des lacs en Afrique. On l'élève dans certaines régions de l'Afrique et de l'Asie. À l'état sauvage, les femelles sont d'excellentes mères. Elles surveillent leurs œufs et prennent soin des alevins quand ils éclosent.

FLÉTAN

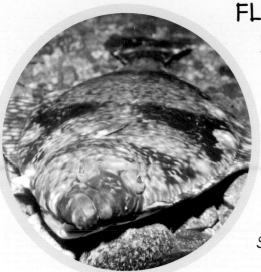

Le flétan est un gros poisson plat. Imagine un poisson complètement aplati, comme une galette! Ses nageoires se trouvent en bordure de son corps et ses deux yeux sont sur le dessus de sa tête!

CARPE

La carpe est un gros poisson qui vient de l'Asie. On l'élève dans des fermes piscicoles depuis plus de 1 000 ans. C'est la cousine de la carpe Koï que l'on retrouve dans les bassins de jardin du monde entier.

Poissons du monde entier

ALLEMAGNE

Dans de nombreux pays européens, l'Allemagne par exemple, la **tradition** veut que l'on mange de la carpe la veille de Noël. La carpe est accompagnée de salade de pommes de terre.

FRANCE

Un peu partout dans le monde, le 1er avril est le jour du poisson d'avril. En France, les enfants collent des poissons en papier sur le dos de leurs amis pour plaisanter. La personne qui a un poisson collé sur le dos est un « poisson d'avril »!

THAÏLANDE

En Thaïlande, le poisson-chat géant est considéré comme un poisson spécial. On croit que manger sa chair porte chance. Chaque année, au cours d'une **cérémonie** spéciale, les pêcheurs demandent au dieu de la rivière la permission d'attraper les poissons. As-tu vu la taille de celui qui est sur la photo?

Un mobile de poissons

Fabrique un mobile composé de poissons multicolores. Tu auras besoin d'un crayon, d'une règle, de ciseaux, de photos de poissons, de carton blanc, de crayons de couleur, de paillettes et de laine.

1 Découpe un cercle de 20 cm de diamètre dans le carton. Demande à un adulte de percer six petits trous tout autour du cercle et un septième au centre.

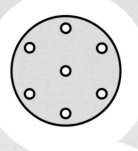

2 Regarde les photos de poissons et dessines-en six sur le carton. Demande à un adulte de les découper.

3 Demande à un adulte de percer un petit trou dans le haut de chaque poisson. Colorie les deux côtés, puis dessine les yeux et la bouche. Ajoute des paillettes pour faire des écailles scintillantes à tes poissons.

20

4 Coupe six bouts de laine de longueurs différentes, entre 30 et 50 cm.

5 Attache un bout de laine à un des poissons. Passe la laine dans un des trous au bord du cercle en carton. Fais un nœud pour qu'elle ne glisse pas. Répète cette étape pour chaque poisson.

6 Coupe un autre bout de laine pour suspendre ton mobile. Fais un nœud à un bout. Passe la laine par le trou au centre du carton. Suspends ton mobile devant une fenêtre pour qu'il soit exposé à la lumière et à l'air, et regarde tes poissons frétiller.

Glossaire et index

alevin nom donné à un poisson qui vient d'éclore

articulations endroits du corps où deux os s'unissent, par exemple le coude, le genou et l'épaule

branchies parties du corps d'un poisson qui lui servent à respirer

cérémonie événement ayant lieu pour une occasion spéciale

écailles petites plaques raides qui recouvrent le corps d'un poisson

frire faire cuire dans l'huile bouillante

griller faire cuire sur un feu ou rôtir sous un gril

nageoires parties du corps d'un poisson qui lui servent à nager et à garder son équilibre

nutriments on trouve les nutriments dans la nourriture; notre corps en a besoin pour devenir fort et rester en bonne santé

tradition coutume ou façon de faire que des parents transmettent à leurs enfants, qui les transmettront à leur tour à leurs enfants

vitamines substances qui nous permettent de rester en bonne santé

22

23

- Visitez une poissonnerie pour voir la variété de poissons offerts. Renseignez-vous pour savoir quels sont les poissons qui viennent de fermes piscicoles et quels sont ceux qui ont été pêchés dans leur milieu naturel.

- Cherchez des recettes de poisson intéressantes dans un livre de cuisine et préparez un plat de poisson avec les enfants.

- Visitez une pisciculture de truites ou de saumons. De nombreuses fermes piscicoles sont ouvertes au public certains jours. Une visite à la pisciculture permet aux enfants d'observer toutes les étapes du cycle de la vie d'un poisson.

- Faites un collage représentant un poisson. Prenez une grande feuille de papier blanc sur laquelle vous dessinerez le contour d'un poisson. Fouillez dans de vieux magazines et découpez toutes les images de poissons ou de choses qui rappellent les poissons. Collez tout ce que vous aurez trouvé sur le dessin pour faire un poisson aux couleurs éclatantes.

- Visitez un aquarium public pour voir toutes sortes de poissons de près.

- Achetez une truite entière. Voyez si les enfants peuvent nommer toutes les parties du poisson. Identifier les narines, la bouche, les yeux, les branchies et les nageoires. À l'aide d'un couteau, grattez quelques écailles et observez-les à la loupe. Demandez aux enfants comment le poisson se déplace dans l'eau. Retirez l'opercule et observez les branchies rouges qui sont en dessous. Expliquez aux enfants que les branchies permettent aux poissons de respirer dans l'eau.

- Faites une recherche des mots clés relatifs aux poissons du présent livre.

- Trouvez des lectures sur différents poissons. Faites des fiches de renseignements à leur sujet. Informez-vous pour savoir s'ils vivent dans la mer, les rivières ou les lacs et ce qu'ils mangent.

- Demandez aux enfants de raconter des blagues et des histoires sur les poissons. Voyez s'ils peuvent écrire un poème ou une histoire sur ce thème.

NOTA

- Assurez-vous qu'aucun enfant n'a d'allergie alimentaire avant de manger du poisson ou de préparer une recette qui contient du poisson.